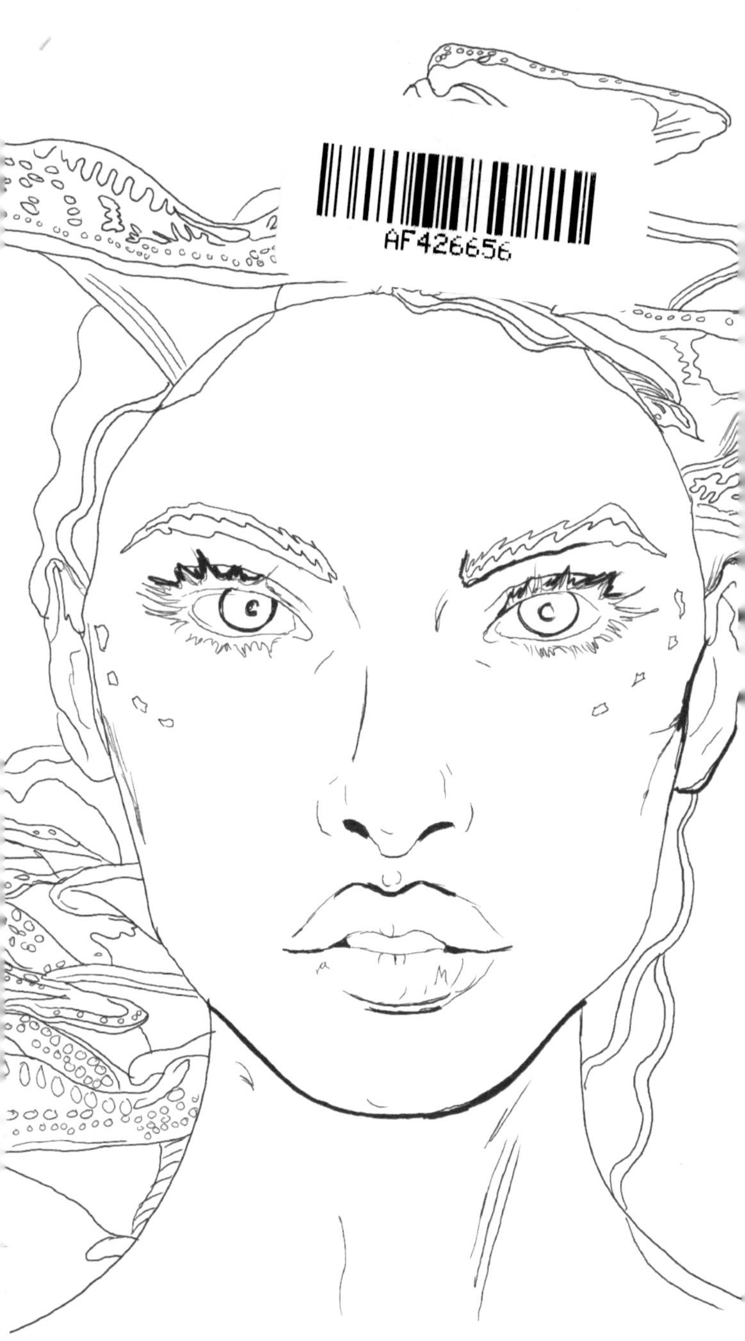
AF426656

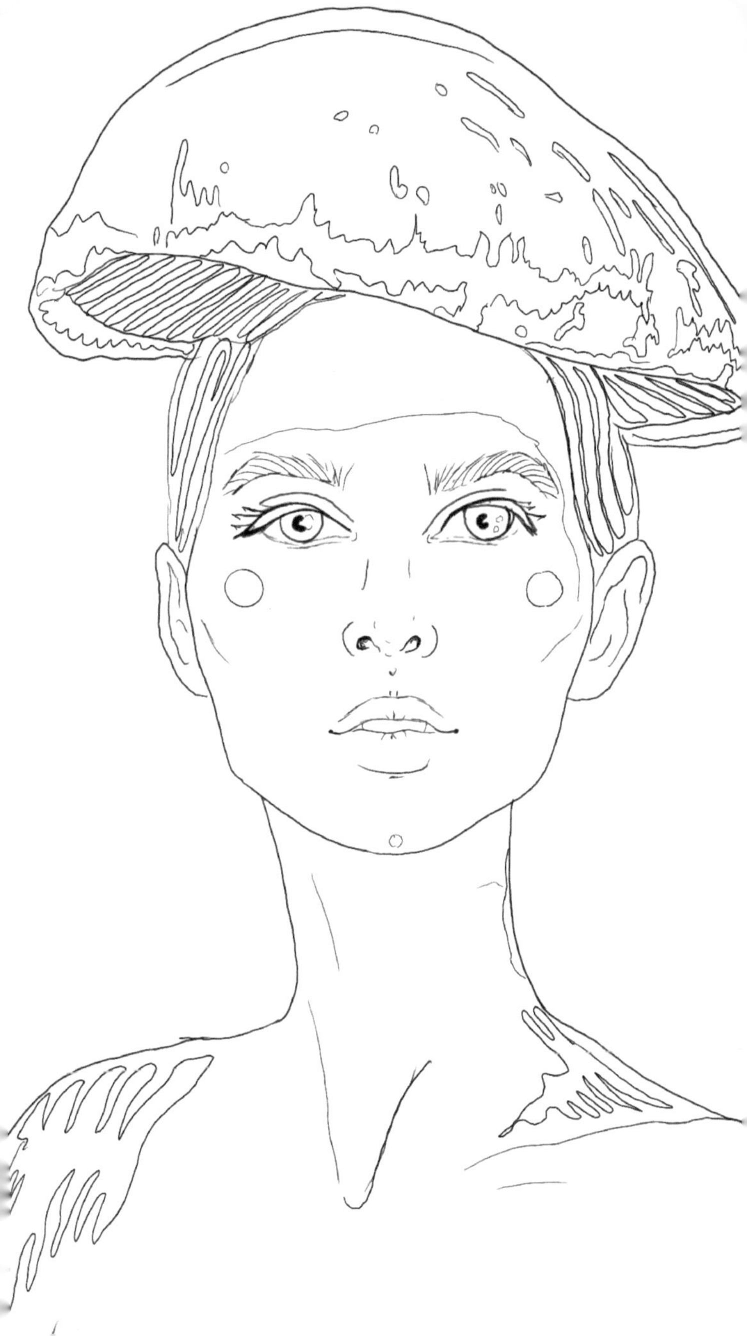

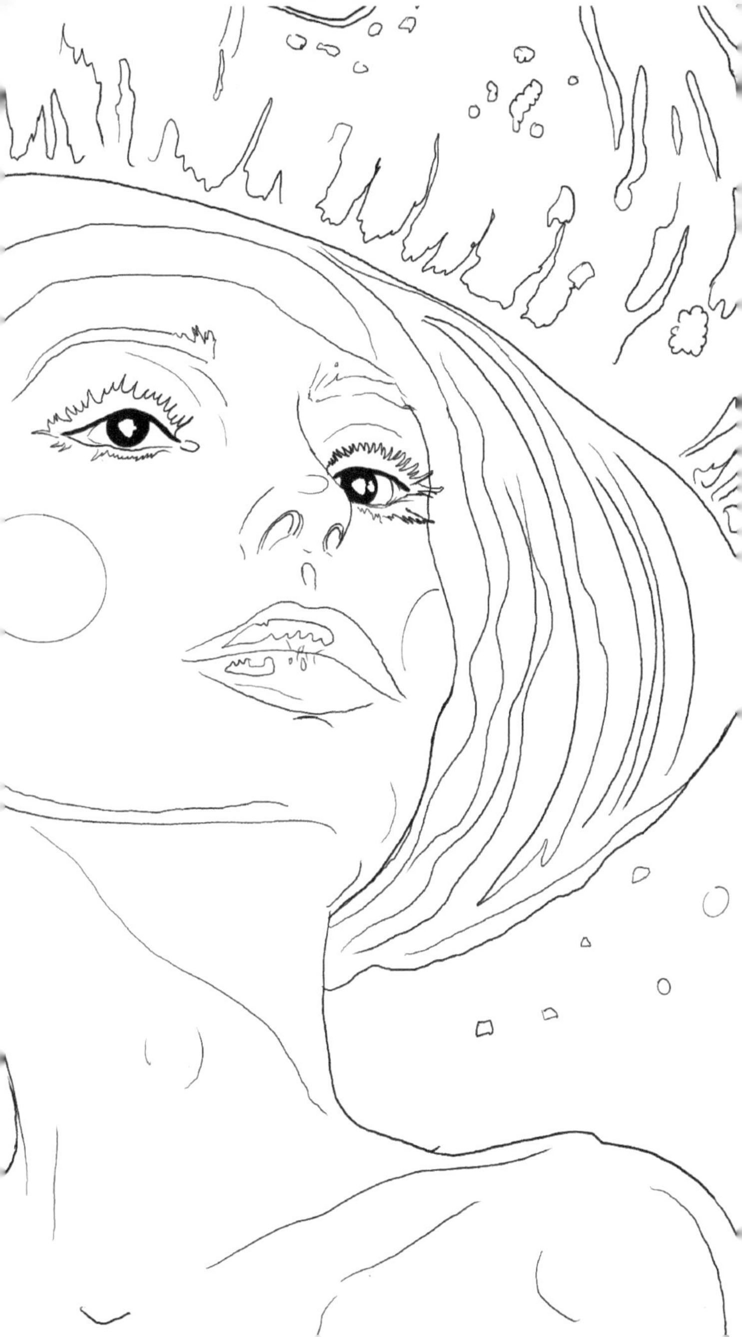

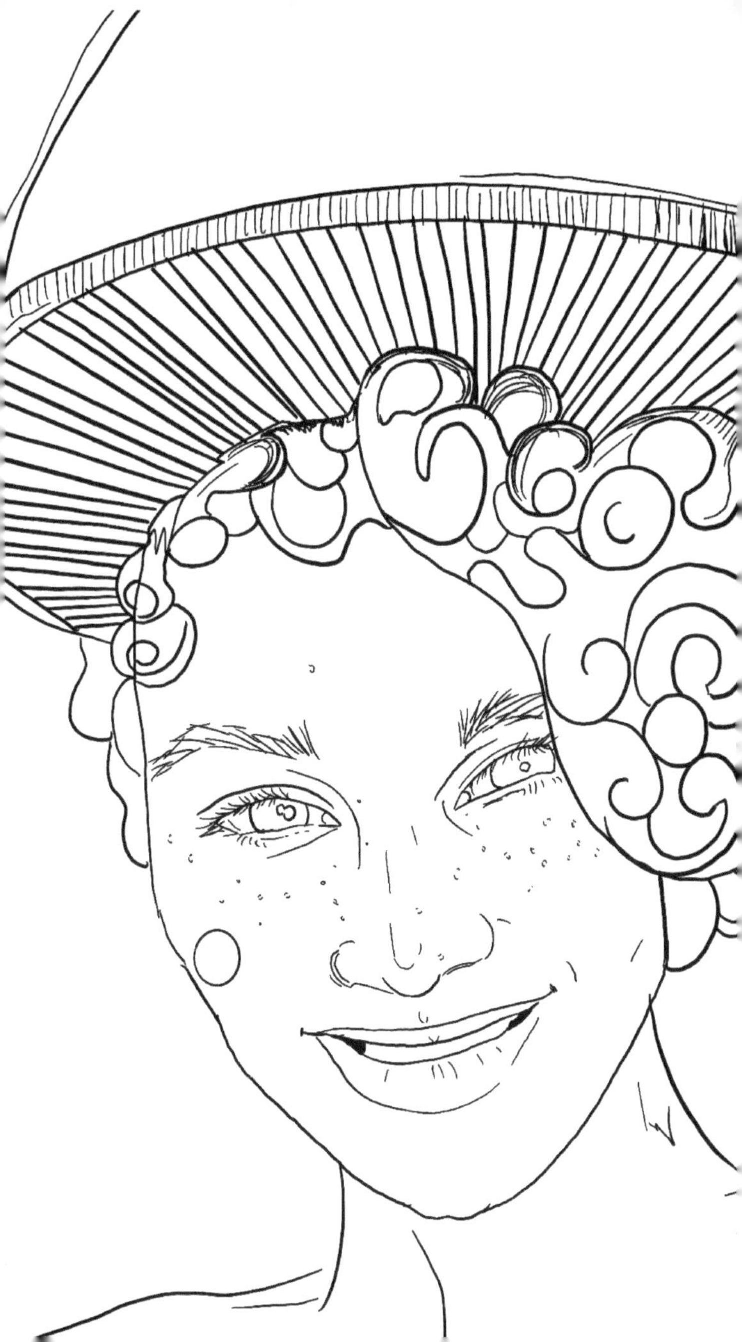

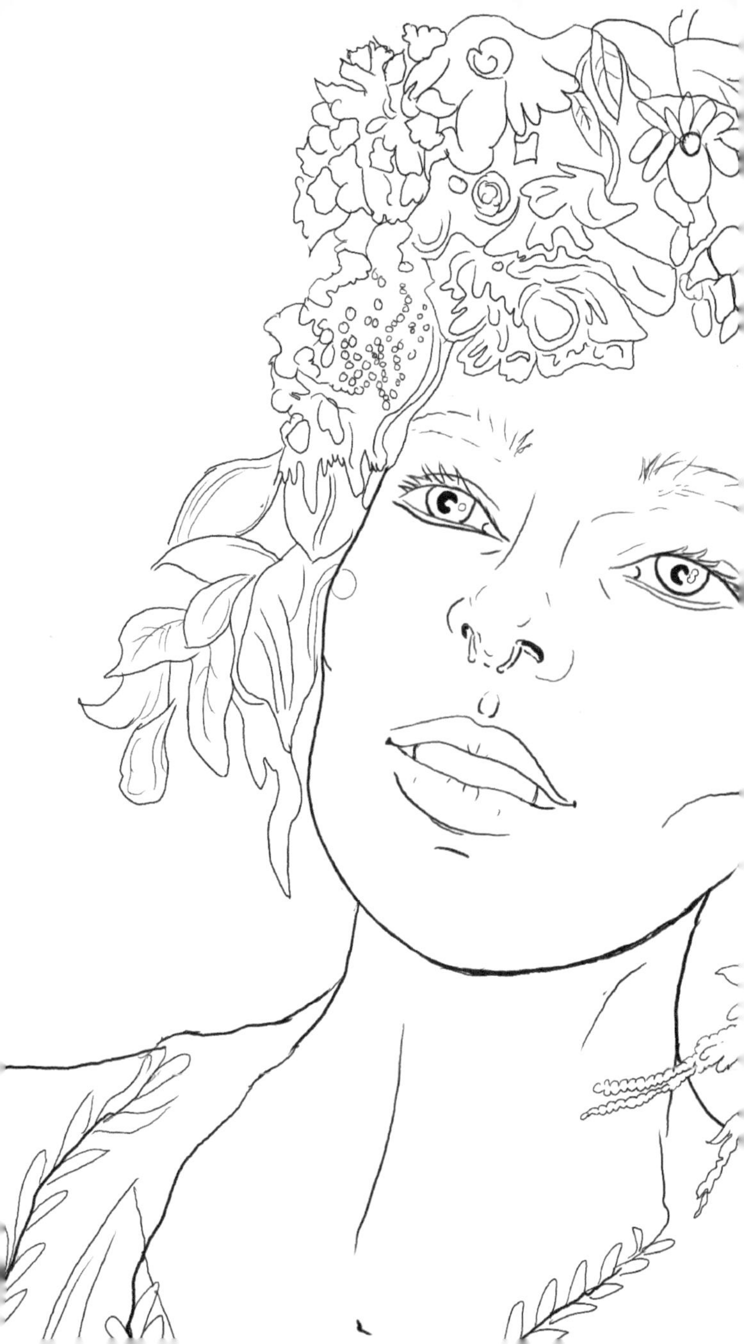

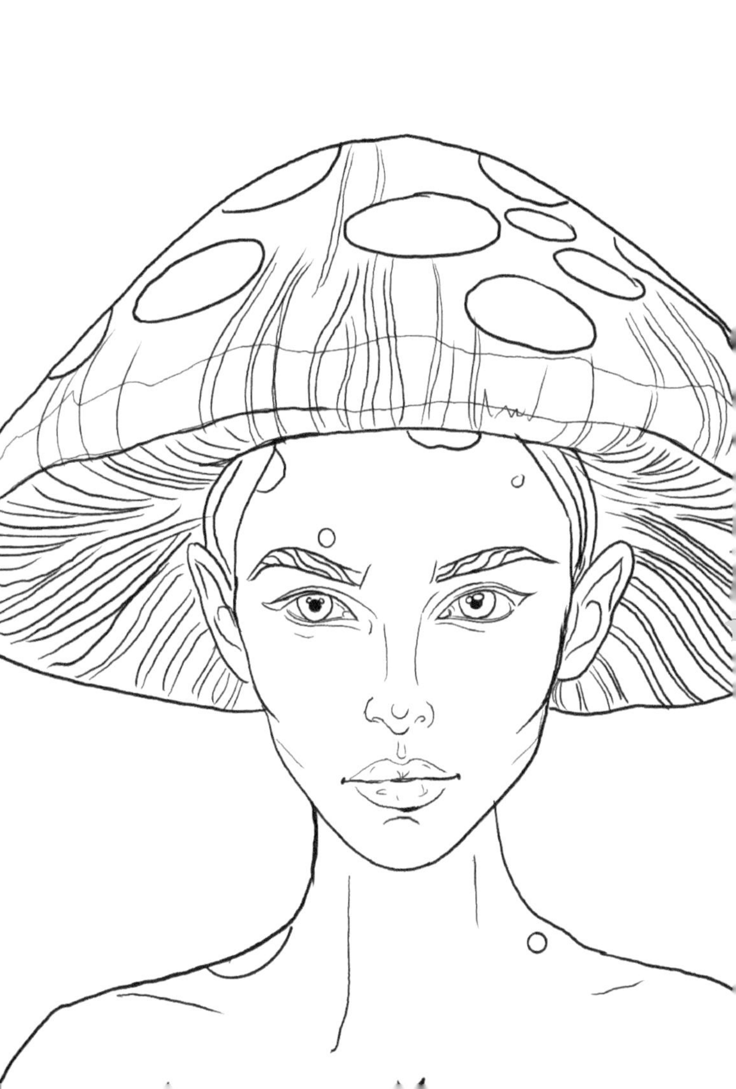

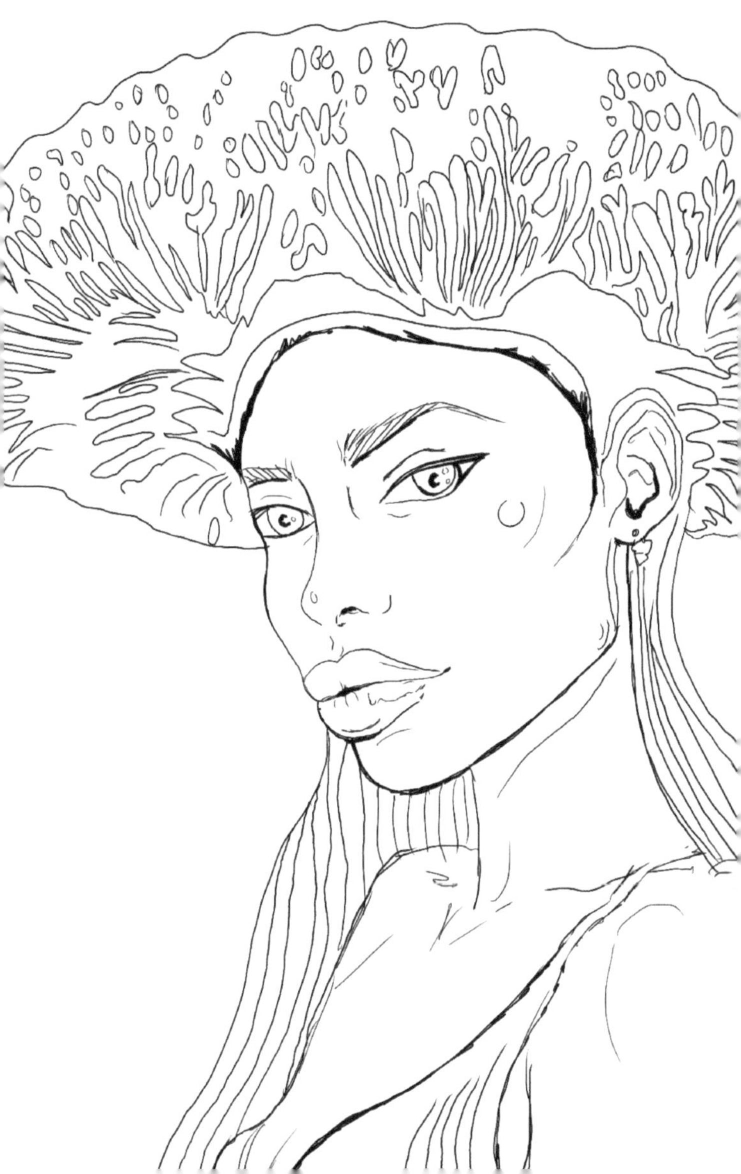

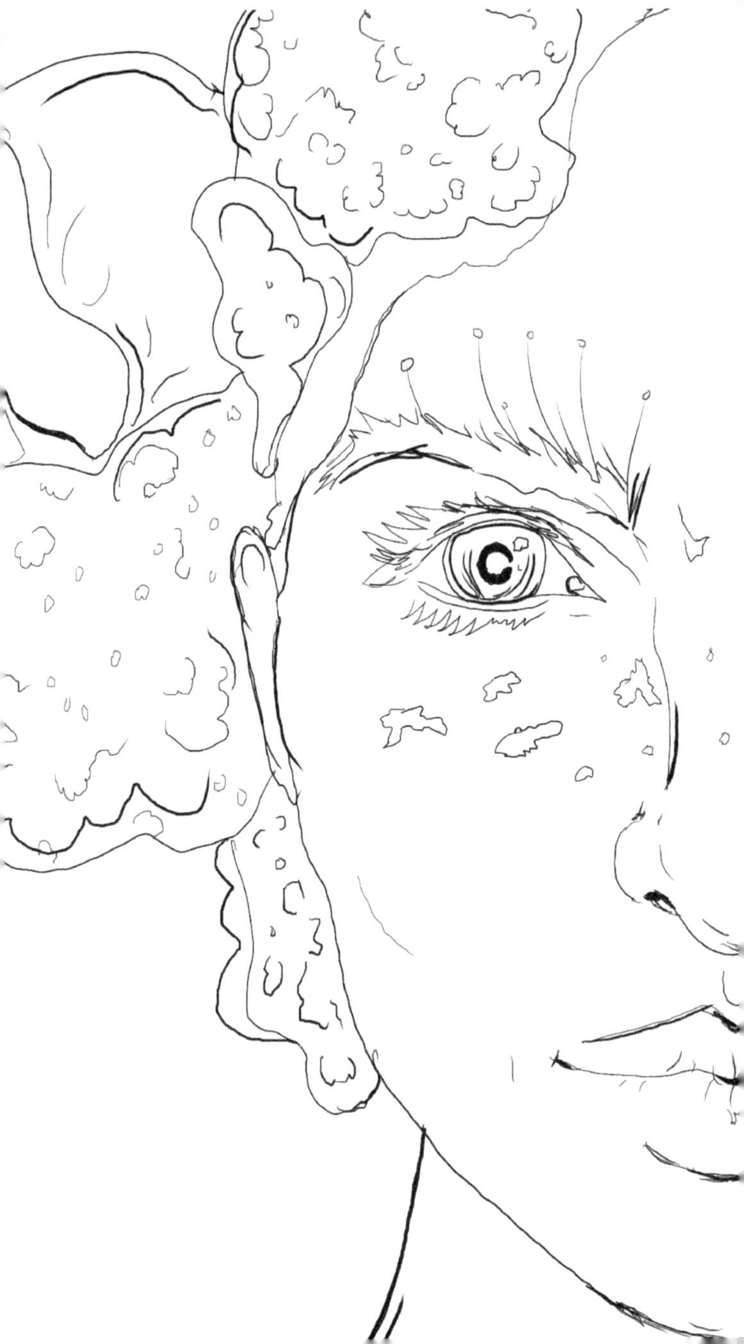

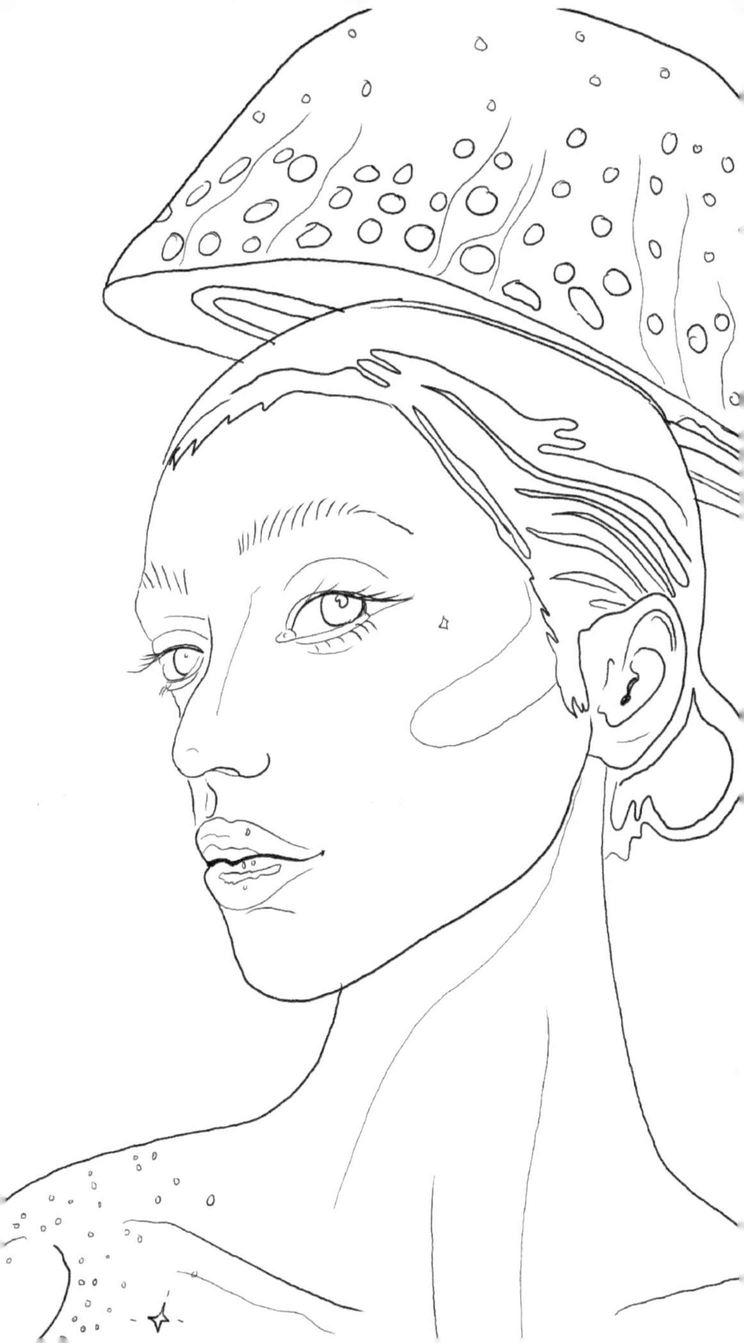

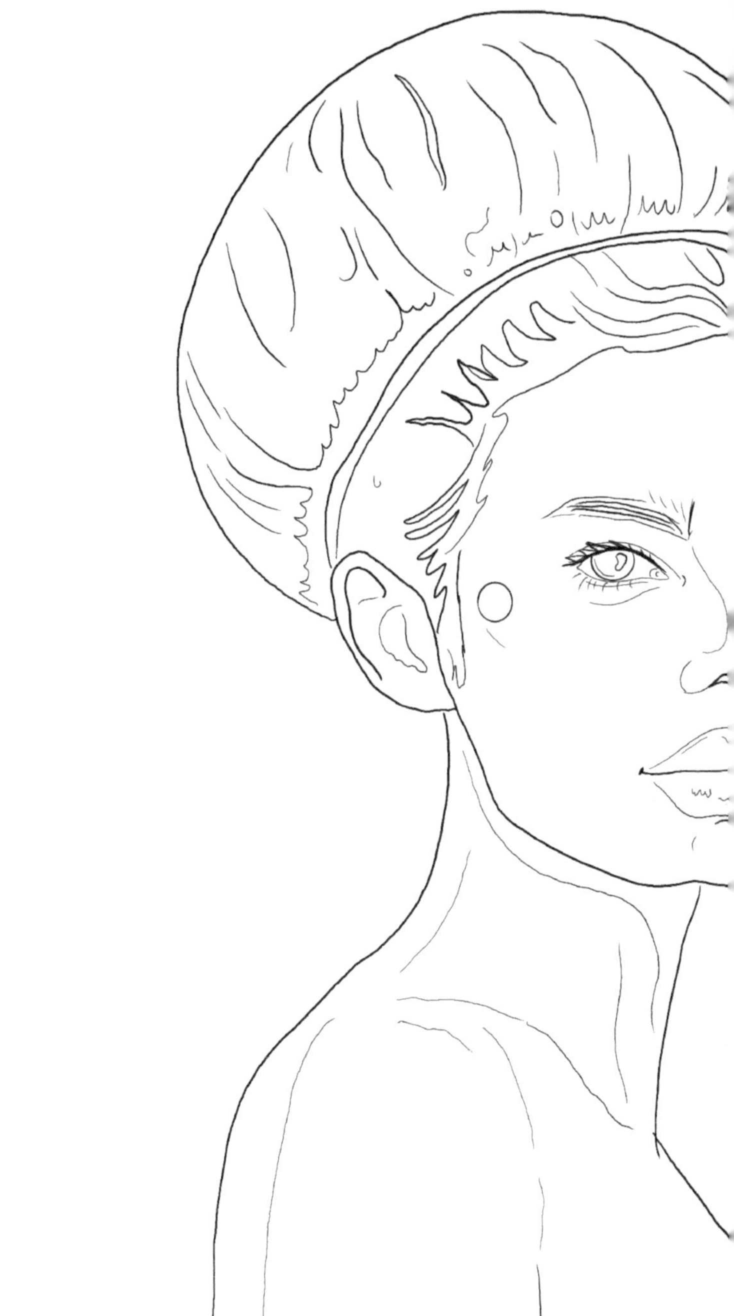

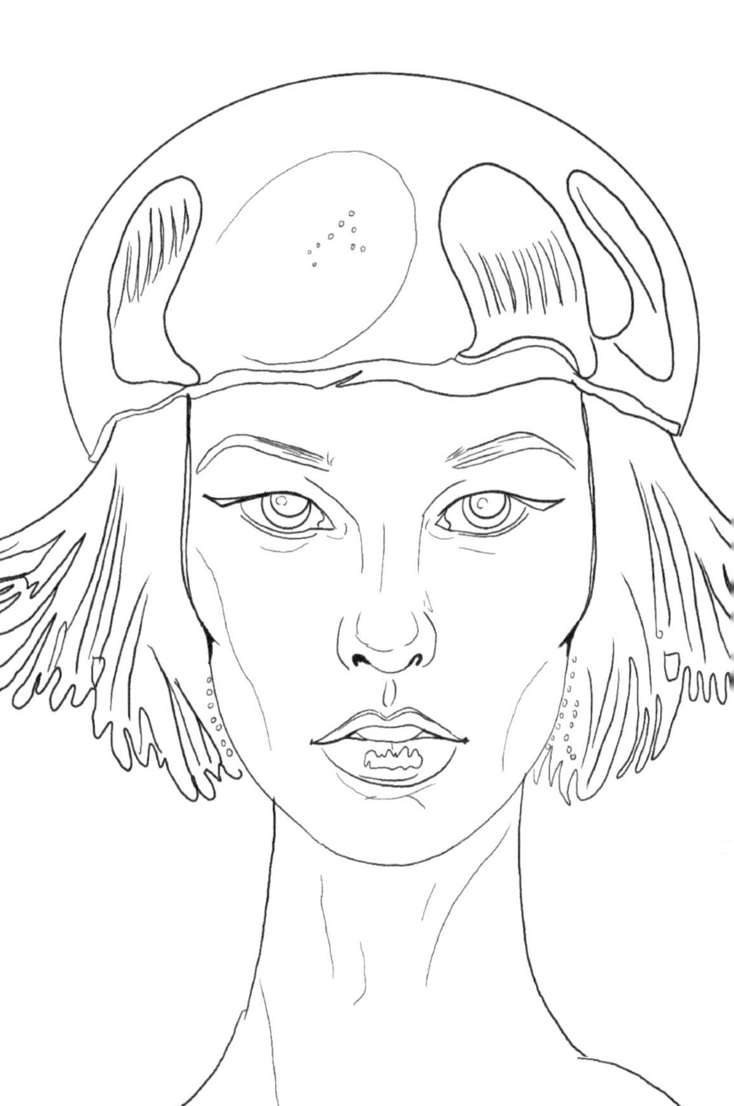

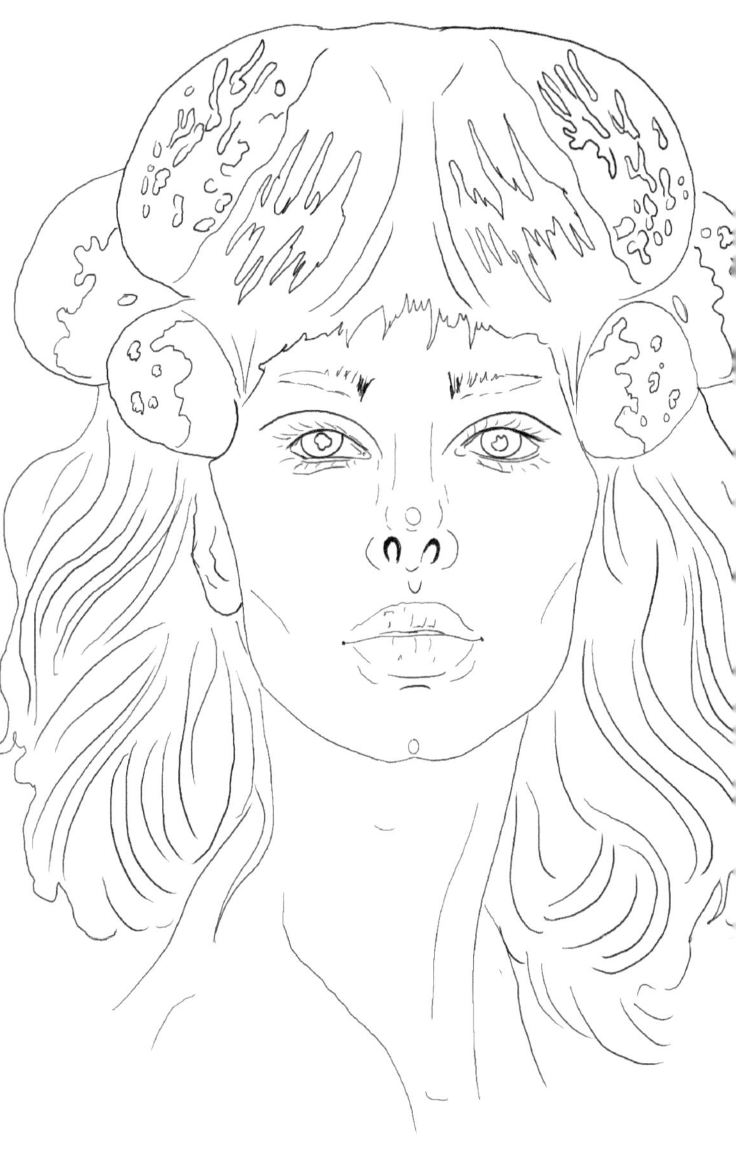

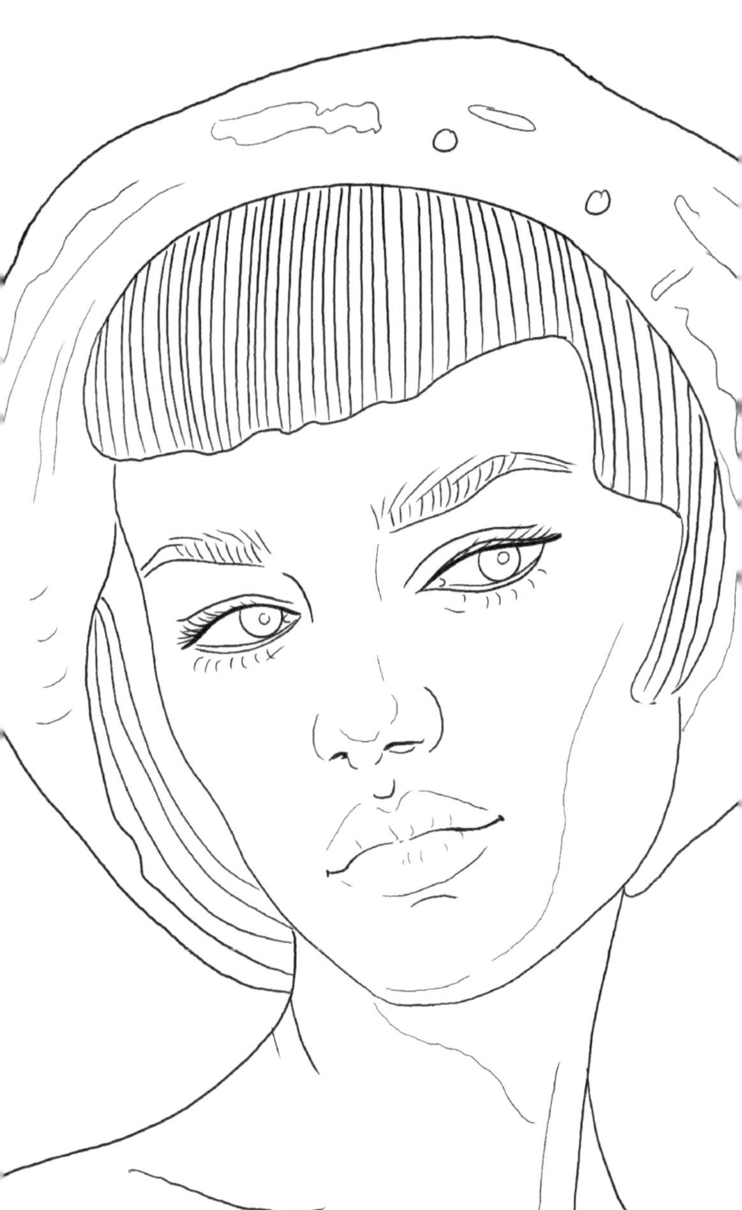

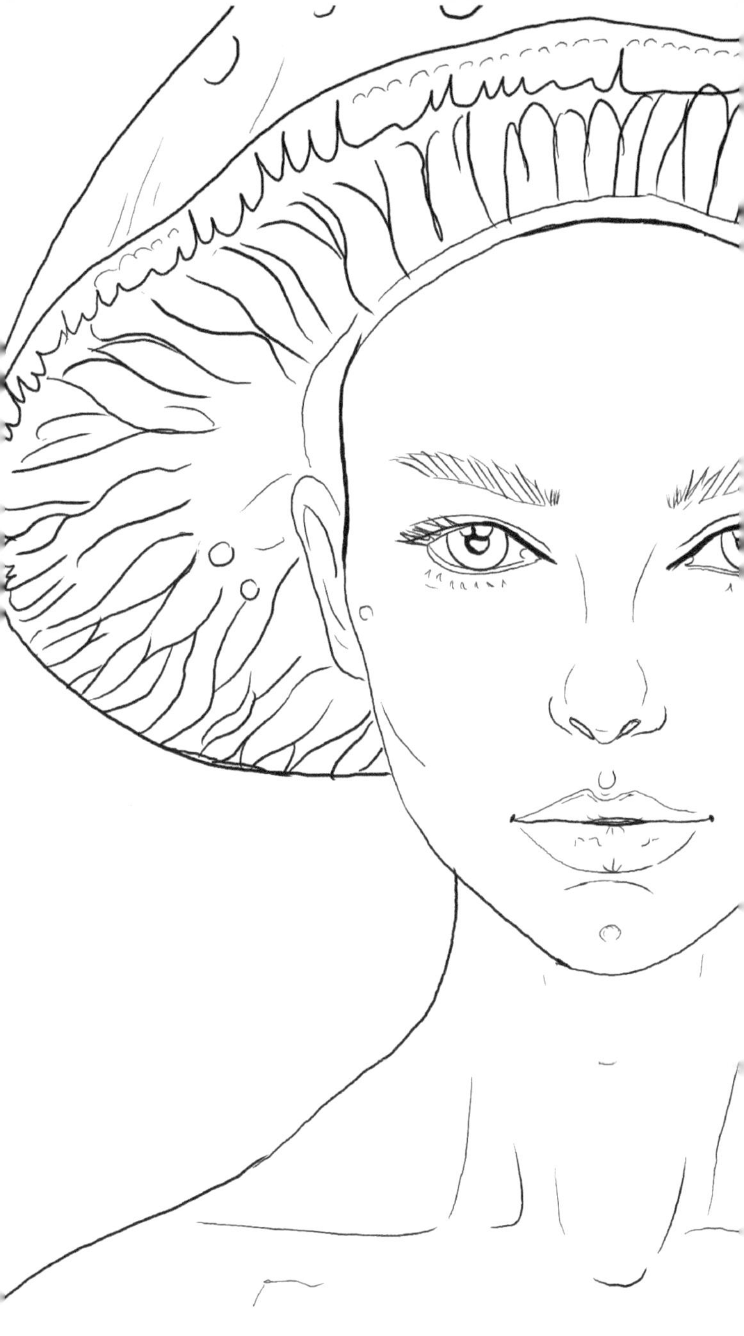

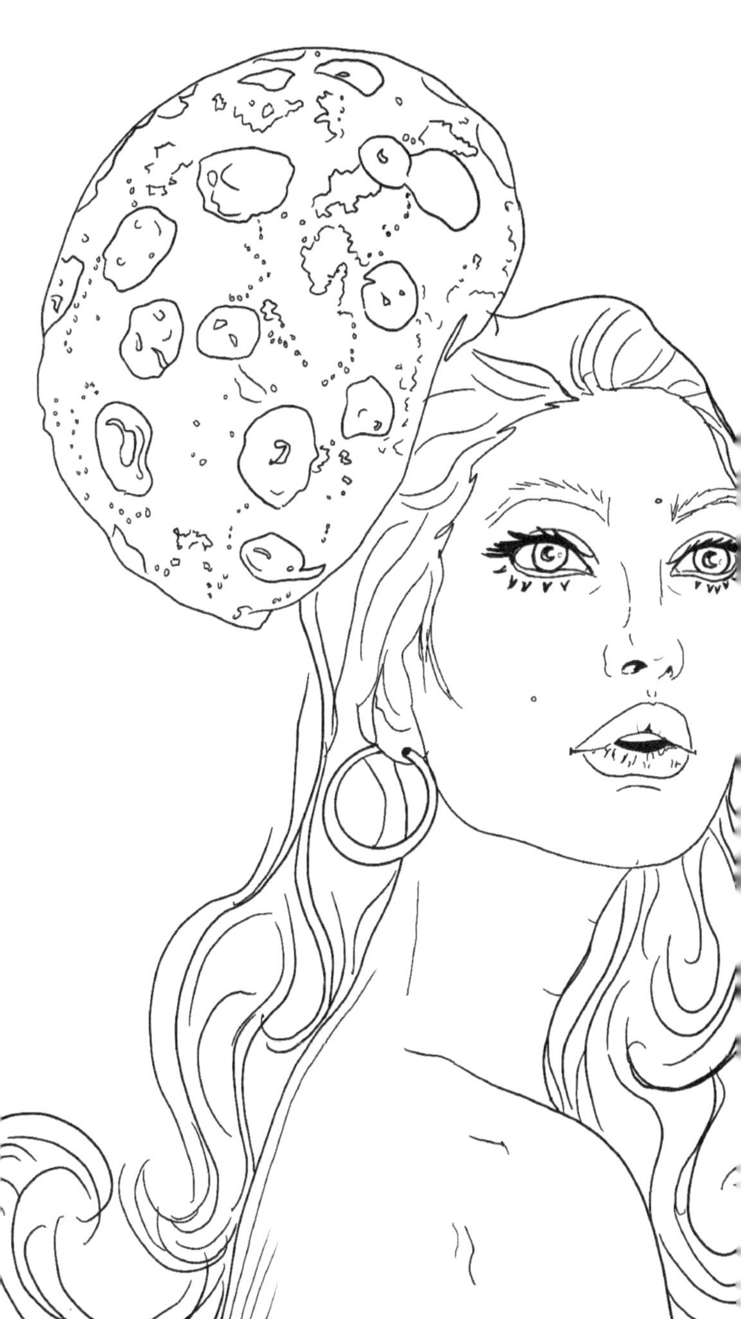

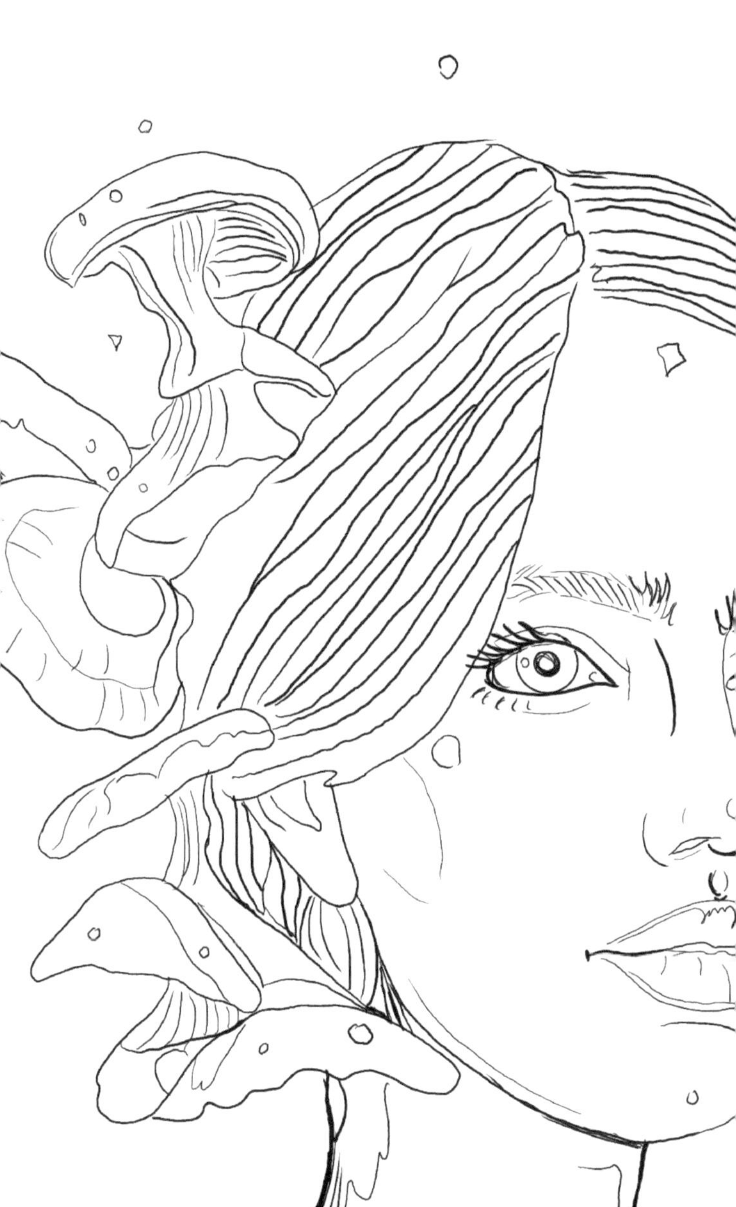

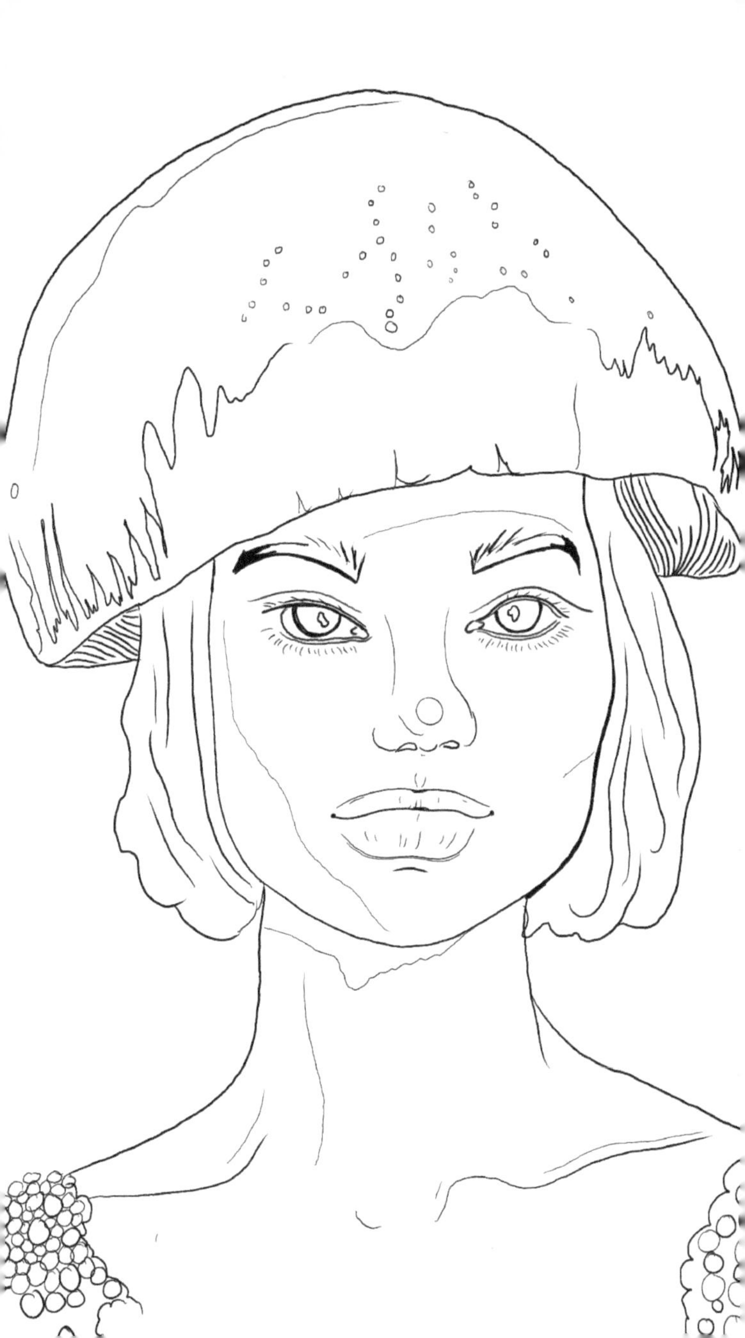

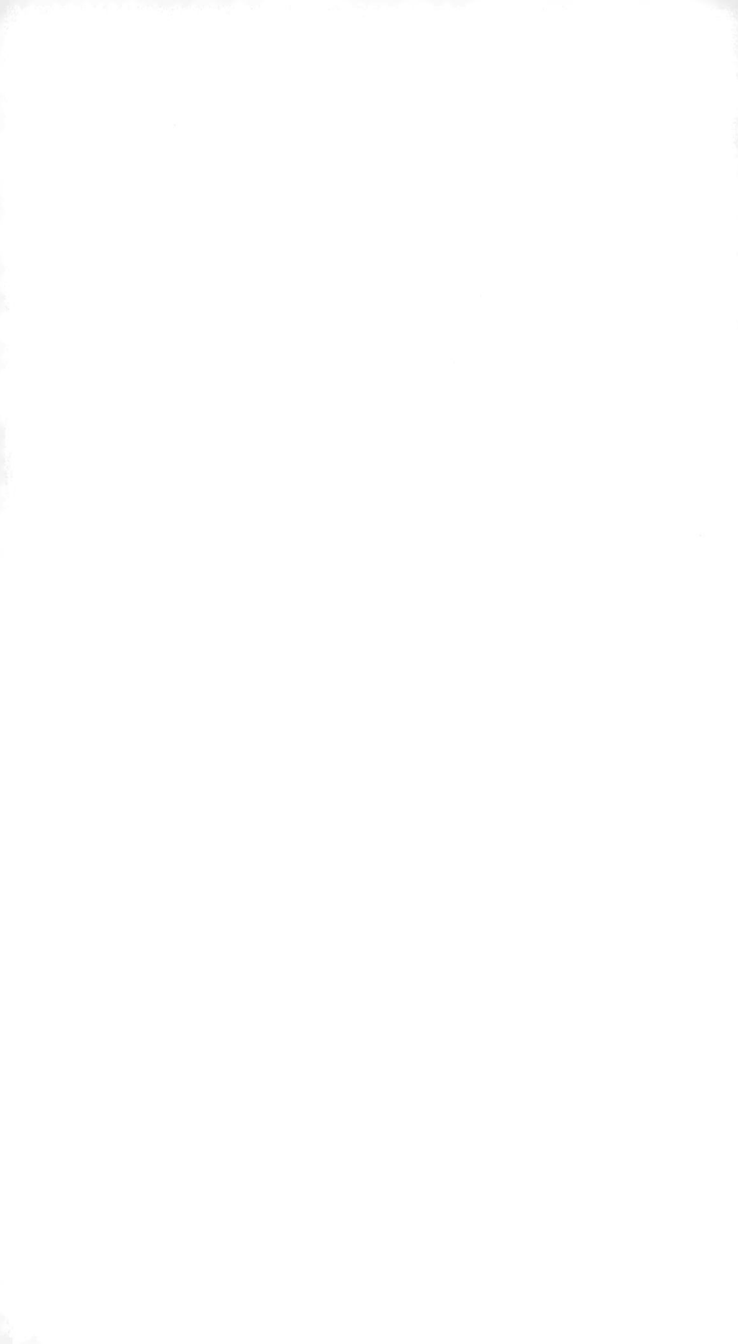

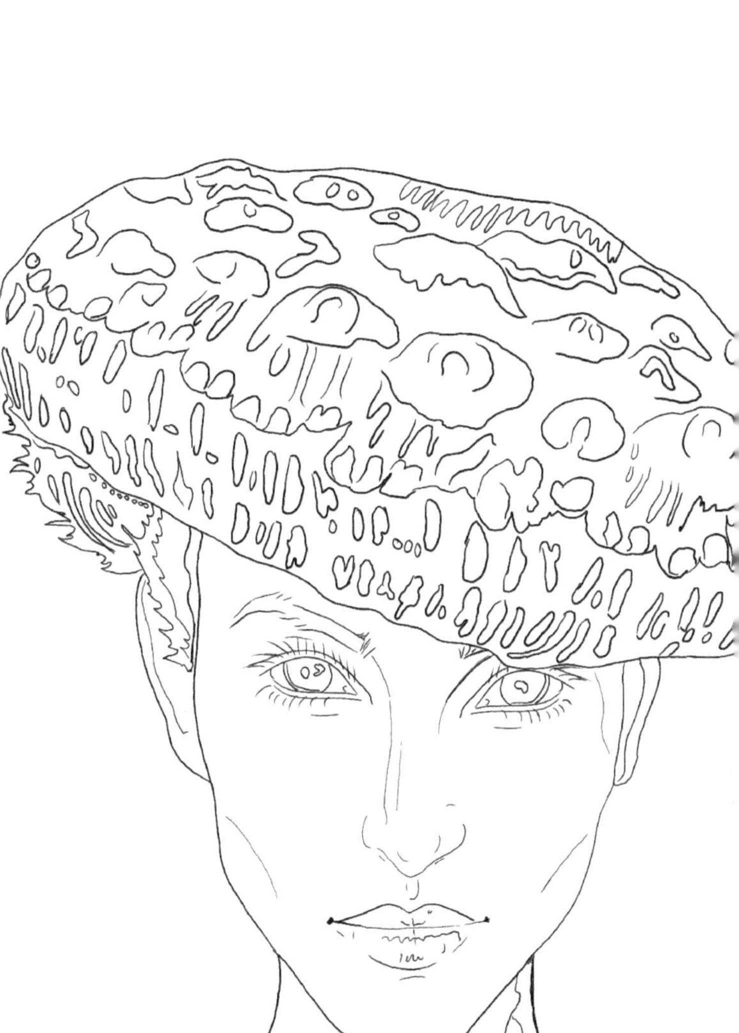

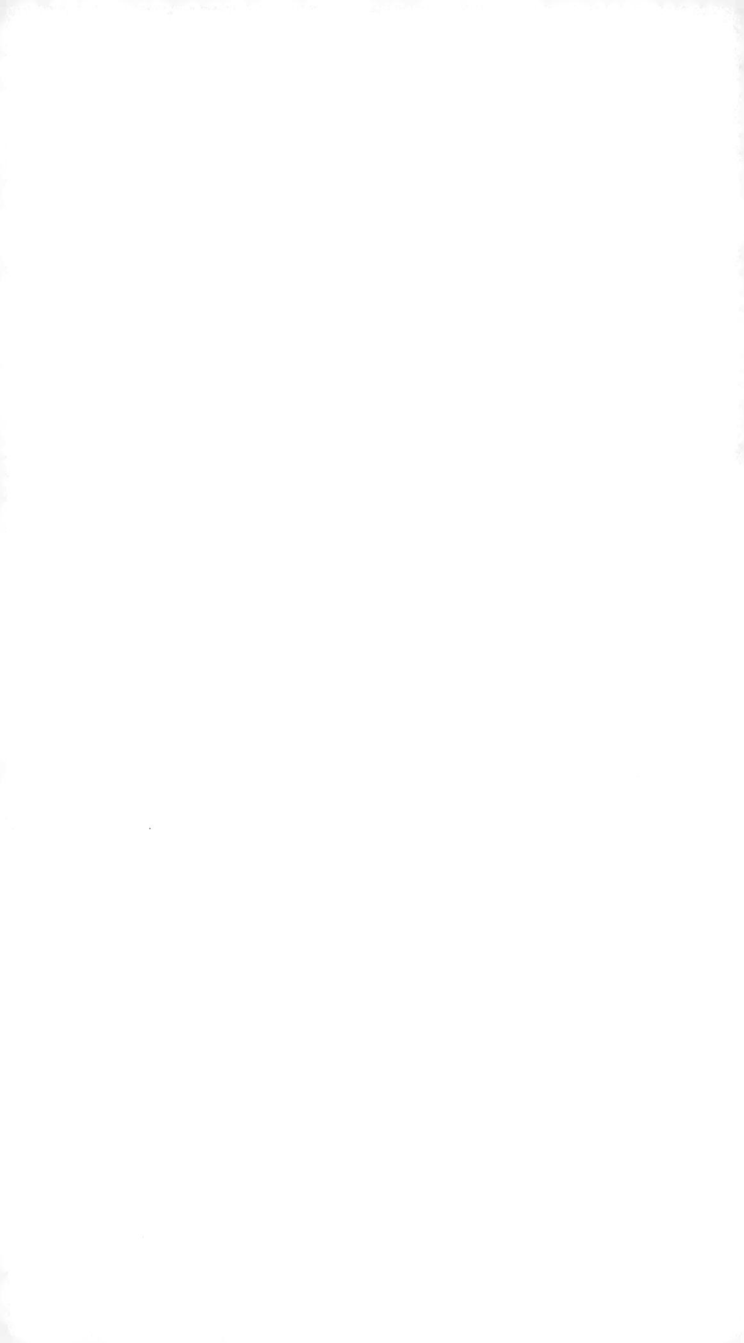

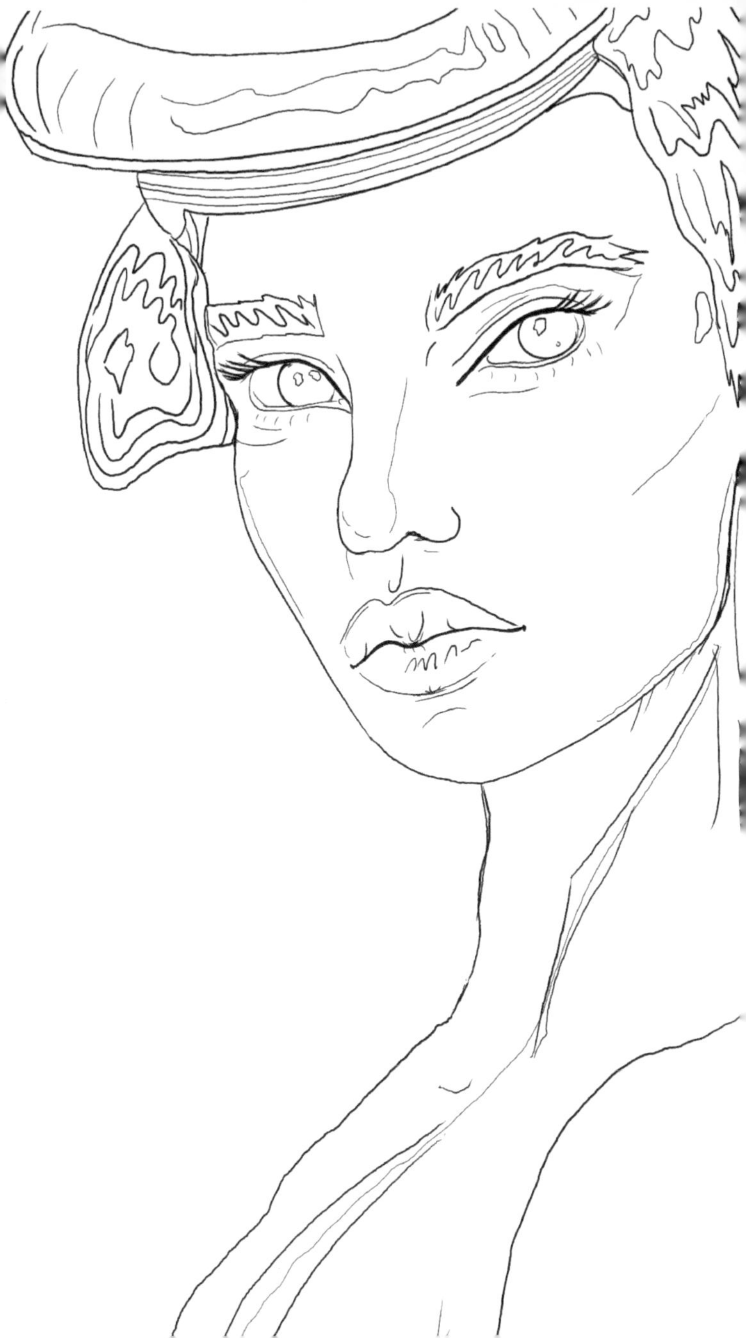

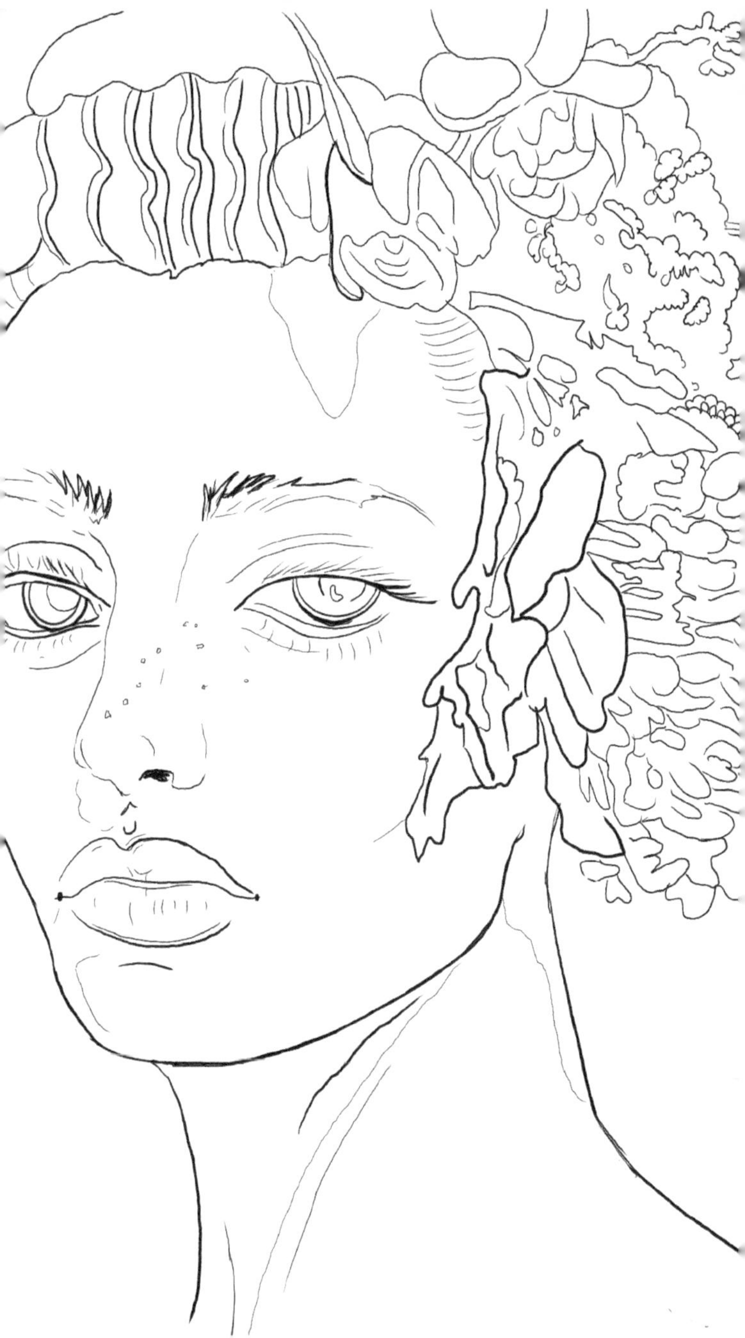

w.ingramcontent.com/pod-product-compliance
ntning Source LLC
mbersburg PA
IW040902110726
005CB00001B/163